AF421847

¡*De mi sendero en busca de la maternidad consciente al tuyo!*

Desde la fuente etérea de mi odisea a través de los reinos de la maternidad, se desenvuelve una saga, un tapiz entrelazado con hilos de iluminación divina y revelaciones personales.

Dentro de la cuna nutritiva de la maternidad, descubrí una alegría profunda en impartir a mis descendientes la sabiduría sagrada de que trascienden mera existencia y cognición mortales. Son espíritus celestiales, entidades luminosas con vastos horizontes de potencial. Abrazando esta verdad eterna, se entrelazan con su núcleo celestial y sabiduría ilimitada, donde sus sueños sin límites y dones únicos iluminan su viaje, tejiendo un hechizo de maravilla y reverencia sobre su existencia.

Unidos por el amor y la luminiscencia,

Denisse

Había una vez una niña curiosa llamada Celeste que vivía en una tierra llena de magia y maravillas. Le encantaba explorar el mundo que la rodeaba y descubrir sus numerosos secretos. Un día, mientras jugaba en el jardín de su abuela, encontró un libro viejo y brillante. "¿Qué es esto?" se preguntó, abriendo la tapa. Encontró un mensaje: "Celeste, tienes un arcoíris dentro de ti. ¡Encontrémoslo juntos!".

Celeste corrió hacia su abuela, sosteniendo el libro. "¡Abuela, dice que tengo un arcoíris dentro de mí! ¿Es verdad?" Su abuela sonrió cálidamente y dijo: "Sí, Celeste. Tienes siete luces especiales llamadas chakras. Brillan como un arco iris dentro de ti. Cierra los ojos y emprenderemos un viaje mágico para encontrarlas".

Celeste cerró los ojos y respiró hondo. De repente, se encontró en un hermoso bosque encantado. Frente a ella había siete luces brillantes, cada una de un color de arco iris diferente.

La primera luz brilló con un rojo intenso y profundo. "Yo soy el Chakra Raíz", dijo con dulzura. "Te ayudo a sentirte segura y fuerte, como las raíces de un árbol poderoso". Celeste sintió la tierra bajo sus pies, sólida y reconfortante, y sonrió.

A continuación, una luz naranja brilló cálidamente. "Yo soy el Chakra Sacro", susurró alegremente. "Te traigo alegría y creatividad, como pintar cuadros o bailar con música". Celeste giró, sintiendo la felicidad burbujear dentro de ella.

A continuación apareció una radiante luz amarilla. "Soy el chakra del plexo solar", anunció alegremente. "Te doy confianza y coraje como un sol brillante que ilumina el día". Celeste se sintió fuerte, segura y confidente, sintiendo el calor y el poder del sol dentro de ella.

Una suave luz verde comenzó a brillar. "Yo soy el Chakra del Corazón", cantó suavemente. "Te ayudo a amar profundamente y a ser amable, como un abrazo cálido y reconfortante". Celeste se rodeó con sus brazos y sintió una calidez tierna y amorosa extenderse por su pecho.

Una serena luz azul apareció a la vista. "Yo soy el Chakra de la Garganta", habló suavemente. "Te ayudo a decir tu verdad y a escuchar con atención, como el dulce canto de un pájaro", Celeste susurró amables palabras a la brisa y escuchó el suave susurro de las hojas.

Una profunda luz índigo centelleaba como una estrella distante. "Soy el chakra del tercer ojo", dijo suavemente. "Te ayudo a ver con claridad e imaginar cosas maravillosas, como un búho sabio en la noche". Celeste cerró los ojos y vio hermosos sueños e ideas brillantes bailando en su mente.

Finalmente, una suave luz violeta brilló sobre ella. "Soy el Chakra de la Corona", susurró. "Te conecto con las estrellas y el universo como una corona de luz que te guía". Celeste sintió una conexión suave y pacífica con todo lo que la rodeaba, como si fuera parte de las estrellas.

Celeste abrió los ojos y sintió los colores del arco iris brillando intensamente dentro de ella. "Gracias, abuela", dijo, abrazándola con fuerza. "¡Ahora conozco mi arcoíris interior y su magia!"

La abuela sonrió y dijo: "Recuerda, Celeste, cuando te sientas confundida o triste, simplemente cierra los ojos, respira profundamente y encuentra tu arcoíris. Siempre está ahí para guiarte y brindarte alegría".

Y así, Celeste vivió feliz para siempre, recordando siempre el arco iris mágico dentro de ella. Con los hermosos colores de sus chakras brillando intensamente, esparció amor, alegría y bondad dondequiera que ella fuera.

El Final.

About the Author

In los etéreos reinos de los Andes en Lima, Perú, floreció Denisse N. Zapata, embarcándose en una odisea celestial a la temprana edad de 26 años. La búsqueda del espíritu por verdades profundas desencadenó una metamorfosis, guiándola a iluminar el camino para madres y sus queridos vástagos.

Dentro de las intrincadas telas de sus "pequeños cuentos de alquimia", Denisse teje encantamientos de gentileza, comprensión y conciencia, nutriendo la conexión divina entre cuidador y niño. Su propósito divino se despliega mientras fortalece a las familias, sembrando semillas de iluminación espiritual y forjando puentes hacia dimensiones místicas.

A través del encanto de talleres y asesoramiento personal, Denisse combina perspicacia espiritual con armonía holística, creando refugios donde las familias florecen. Su dedicación firme actúa como una luz guía, uniendo a una hermandad de madres iluminadas y niños, deleitándose en la maravilla de viajes compartidos y el encanto infinito que reside en cada espíritu.